이런 직업 어때?

우주가 좋다면
이런 직업!

글 스티브 마틴 | 그림 톰 울리 | 옮김 이광식

차 례

우주를 좋아하는 친구들에게 4

우주비행사
(우주선 선장) 6

우주비행사
(우주선 승무원) 8

재료공학자 9

항공 군의관 10

천문학자 12

우주공학 엔지니어 14

우주법 변호사 16

우주생물학자 18

영양사 20

우주선 관제사 22

천체물리학자 24

우주 센터 매니저 26

 천체투영관 강사 27

 우주 기상 예보관 28

 우주 센터 홍보 담당자 30

 연구원 32

 공상 과학 소설가 34

 기술 작가 35

 우주복 디자이너 36

 컴퓨터 엔지니어 37

 우주인 훈련 교관 38

 신경과학자 39

 장비 전문가 40

 풍동 실험 기술자 41

 프로젝트 매니저 42

내게 가장 어울리는 직업은? 44

또 다른 직업을 알고 싶나요? 46

우주를 좋아하는 친구들에게

우주를 탐험하려면 어떤 자격과 기술이 필요할까요?

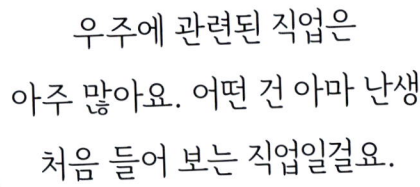

우주에 관련된 직업은 아주 많아요. 어떤 건 아마 난생 처음 들어 보는 직업일걸요.

우주로 슈웅 날아가고 싶나요? 지구가 아닌 다른 행성에 갈 수 있다면 정말 신나겠죠?

우주비행사가 우주에서 활동한다는 걸 모르는 사람은 없을 거예요. 그런데 우주비행사 말고도, 별과 우주를 좋아하는 사람을 위한 직업이 얼마나 많은지 알면 깜짝 놀랄 거예요.

여러분이 좋아하고 잘하는 것이 무엇이든지 도전해 볼 만한 직업이 한두 개쯤은 있을 거예요. 직업의 종류에 따라 필요한 역량이 다른데, 우주비행사는 용감해야 하고 우주공학 엔지니어는 기계나 장비를 다루는 걸 좋아해야 해요. 공상 과학 소설가는 창의성이 풍부해야 하고, 우주인 훈련 교관은 사람들과 어울리기를 좋아하는 성품이라야 하죠.

우주인이 되는 데 가장 중요한 자질은 적극적인 성격과 풍부한 호기심 그리고 배움을 사랑하는 마음이에요. 우주란 정말 엄청나게 넓은 곳이랍니다. 지금까지 인류가 알아낸 것은 우주의 아주 작은 부분에 지나지 않아요. 아직 우주의 대부분이 밝혀지지 않았기 때문에 우주를 탐구하는 일이 신나는 거죠.

우주 탐사와 관련된 일을 하는 사람들은 서로 돕는 협동 정신이 아주 중요해요. 한 사람이 우주복을 입고 우주로 나가기 위해서는 수많은 사람들이 각자 맡은 일을 잘 해내야 하죠. 믿음직스럽고 책임감 있으며, 언제든 다른 사람의 말에 귀 기울이고 도움의 손길을 내밀 준비가 되어 있어야 한답니다.

과학과 컴퓨터, 기계를 좋아한다면 천체물리학자나 재료공학자, 컴퓨터 엔지니어, 우주복 디자이너가 될 수도 있어요. 우주 기구에서는 사람들에게 우주 기구에서 하는 일을 잘 설명해 줄 수 있는 홍보 담당자를 뽑기도 해요. 우주법 변호사는 우주와 관련된 법률적인 문제를 상담하고 처리하는 일을 하죠.

만약 여러분이 놀라운 우주와 새로운 세계를 알고자 하는 열정을 갖고 있다면, 이러한 직업들이 여러분의 꿈을 이루어 줄 거예요.

> 이 모든 이야기가 귀에 쏙쏙 들어올 만큼 재미있게 들린다면, 여러분은 우주 탐험을 하기에 딱 맞는 사람인 거죠!

이 책은 우주와 관련된 직업 스물다섯 개를 다루고 있어요. 책장을 한 장씩 넘기다 보면, 그 직업에 종사하는 사람들이 매일 어떤 일을 하고 그 일을 하려면 어떤 노력과 조건이 필요한지를 엿보고 배울 수 있죠. 그러면 여러분은 자신이 꿈꾸는 직업에 그만큼 가까이 다가가는 거랍니다.

모든 직업을 살펴봤다면 44쪽으로 가서 어떤 직업이 내게 잘 맞을지 알아보세요. 또 다른 직업을 더 알고 싶다면 46쪽으로!

우주비행사 (우주선 선장)

우주인에 뽑혔다는 게 아직도 믿기지가 않아요. 우주인이 되려고 저는 여러 해 동안 열심히 공부했어요. 그런 다음 우주인 모집에 지원했는데, 저 말고도 수천 명이 지원했죠. 그런데 그중에서 제가 뽑힌 거예요! 지금 저는 지구 둘레를 돌고 있는 국제 우주 정거장(ISS)의 선장으로 큰 책임을 맡고 있죠. 영광이라고 생각한답니다.

1

국제 우주 정거장에서 선장이 하는 일은 같이 일하는 다섯 명의 승무원들을 지휘하고 우주 정거장 전체를 관리하는 거랍니다. 하루 일과의 시작은 지상의 임무 관제 센터와 연락하여 그날의 일을 상의하는 것이죠. 때로는 장비 수리나 실험을 위해 우주 정거장 바깥으로 나가 우주 유영을 하기도 해요. 제가 가장 좋아하는 일이죠.

저는 우주인이 되려고 대학에서 기계 공학과 우주 공학을 공부했어요. 비행기 조종사 경력도 갖추었죠. 우주인에 선발되고 나서도 몇 년 동안 고된 훈련을 받았어요. 그래도 고생한 보람이 있었죠. 꿈꾸던 직업을 갖게 되었으니까요.

3

우주복을 입은 다음 우리는 에어록(기압 조정실)으로 들어가요. 이 방은 밀폐형 출입구가 두 곳 있는데, 문을 열고 들어가서 반드시 그 문을 꽉 닫은 후에 다음 문을 열어야 해요. 그래야 우주로 공기가 빠져나가는 것을 막을 수 있죠.

2

우주 유영을 나갈 때는 동료 한 명과 같이 나가요. 우리는 우주복을 입으면서 할 일에 대해 이야기 나눠요. 동료는 러시아 사람이라 우리는 러시아어로 대화해요. 우주 정거장은 보통 여섯 명이 정원인데, 여러 나라 사람들이 섞여 있죠. 그래서 여러 나라 말을 할 줄 알아야 해요.

4
두 번째 문을 열고 나가면 바로 우주랍니다! 우리 몸은 안전 줄로 우주 정거장에 연결되어 있어요. 우주로 흘러가면 안 되니까요.

5
우리는 바로 일을 시작해요. 우주 정거장의 장비를 점검하고 수리하는 일이죠. 우리가 쓰고 있는 헬멧 속에는 무선 통신기가 있는데, 그걸로 임무 관제 센터의 지시를 받으며 일해요. 우주에서는 마음대로 몸을 움직이기가 어려워서, 우주 정거장 바깥에 붙어 있는 손잡이를 잡고 움직여요.

6
일하다가 때로는 일손을 멈출 때가 있어요. 지구를 감상하기 위해서죠. 우주에서 바라보는 지구는 말로 표현하기 어려울 만큼 아름다워요! 여섯 시간이나 걸려 작업을 끝냈어요. 조금 지쳤지만 임무를 무사히 끝마쳐서 기뻐요. 우주 정거상으로 들어가 다른 승무원들과 저녁 식사를 한 다음 운동을 해요.

7
잘 시간이에요. 우주 정거장은 약 400킬로미터 고도의 지구 궤도를 시속 27,740킬로미터로 하루에 약 열여섯 바퀴씩 공전해요. 하루에 해돋이와 해넘이를 열여섯 번 볼 수 있죠. 그래서 잠자는 시간을 잘 선택해야 해요. 또 무중력 상태에서 둥둥 떠다니지 않게 벽에 고정된 침낭에서 잠을 잔답니다.

우주 실험실
국제 우주 정거장은 우주인들의 일터예요. 거기서 우주인들은 실험도 하고 우주 정거장을 관리하죠. 지구 둘레를 90분에 한 바퀴씩 돌고 있는데, 운이 좋으면 밤하늘에서 우주 정거장의 밝은 불빛이 지나가는 것을 볼 수 있어요. 비행기의 불빛은 깜빡거리지만 우주 정거장은 깜빡이지 않고 그냥 천천히 흘러가요.

일의 장점과 단점
장점: 우주인이 된 것 자체가 무척 자랑스러워요. 우주에서 최고로 멋진 직업이죠.

단점: 우주복 속에 특수 기저귀를 차는데, 익숙해지려면 시간이 꽤 걸려요.

우주비행사 (우주선 승무원)

저는 잘 훈련된 우주인이자 과학자이기도 해요. 국제 우주 정거장에서 여러 나라의 우주인 동료들과 같이 일합니다. 우주 정거장의 승무원으로서 저는 다양한 일을 해요. 장비들을 작동하는 일을 맡고 있고 과학 실험과 연구도 합니다.

1

잠자리에서 일어나 물주머니에 담긴 물을 수건에 살짝 적셔 몸을 닦아요. 물을 절약하기 위해 물로 씻어 낼 필요가 없는 특수 비누를 사용하기도 하죠. 아침 식사를 한 후 동료들과 오늘 할 일을 이야기해요.

2

우리는 지구에 있는 과학자들이 보내온 물질 샘플들을 받았어요. 오늘의 첫 업무는 그 샘플들을 우주 정거장 바깥에 설치하는 작업이에요. 금속이나 플라스틱, 섬유 등의 물질이 우주 공간에 노출되었을 때 어떻게 변화하는지 알아보기 위한 실험이죠. 이 실험을 통해 우주선을 만들 때 어떤 물질을 쓰는 것이 좋은지를 알 수 있을 거예요.

우주 정거장에서 전체를 관리하고 지휘하는 사람은 선장이고(6쪽), 나머지 우주인들은 모두 승무원으로 불리죠. 앞으로 더욱 실력을 쌓아 저도 선장이 되고 싶어요.

3

저는 샘플 상자를 로봇 팔에 부착했어요. 로봇 팔은 에어록(기압 조정실)을 통해 상자들을 우주 정거장 바깥으로 옮겨 줍니다.

4

샘플 상자를 우주 정거장 외부에 고정한 후 샘플들을 우주 공간에 노출시켜요. 그 상태로 1년 동안 내버려 둘 거예요. 로봇 팔이 6개월 전에 설치했던 다른 샘플 상자를 회수해 오면 우리는 그것을 지구로 돌려보냅니다. 그러면 지구의 재료공학자들이 그 샘플들을 연구하는 거죠.

5

저녁을 먹기 전, 저는 다른 실험을 살펴봐야 해요. 우주에서 식물이 어떻게 성장하는지 알아보는 실험이랍니다. 만약 우주에서 식물을 기를 수 있다면 우주 정거장에서 신선한 과일과 채소를 먹을 수 있을 거예요. 아쉽게도 오늘 저녁은 냉동 건조 채소를 먹어야 해요.

일의 장점과 단점

장점: 우주에서 가장 흥미로운 실험실에서 일한다는 거예요.

단점: 가족, 친구들과 멀리 떨어진 곳에서 여러 달 꽤 힘든 시간을 보내야 해요.

재료공학자

저는 어려서부터 과학을 사랑했어요. 특히 실험하는 걸 좋아했죠. 지금 저는 더 튼튼하고 오래 가는 우주선과 우주복을 만들기 위해 금속이나 플라스틱, 섬유 같은 물질을 연구하고 개량하는 일을 해요.

1 오늘 아침 저는 상당히 흥분된 상태랍니다. 우주 정거장에서 보내온 샘플 상자를 받았거든요. 그 속에는 우주 공간에서 여러 달 동안 노출 실험을 한 금속, 플라스틱 등의 물질들이 들어 있어요. 우주의 극한 환경 속에서 시간이 지나며 그 물질들이 어떻게 변화했는지 알아볼 거예요.

2 우주 정거장에서 실험을 했던 승무원이 이미 물질들의 상태를 살펴보았지만, 지구의 실험실에는 과학 장비들이 더 잘 갖추어져 있기 때문에 물질들의 변화 상태를 더 자세히 알아볼 수 있어요. 저는 상자를 열고 샘플들을 살펴봐요.

대학에서 재료 공학을 전공하고, 이 직업을 갖게 되었어요. 대부분의 시간을 실험실에서 연구하고 신소재를 개발하는 일을 하며 보내죠. 저는 늘 새로운 것을 공부하는 걸 즐긴답니다.

3 오랜 시간이 걸리는 임무를 띤 우주선의 재료로 어떤 물질이 적합한지 알아보려고 해요. 첫 번째 테스트로 어떤 물질이 빨리 닳았는지 살펴볼 거예요. 물질들을 우주에 노출시키기 전에 찍은 사진과 비교했더니, 열두 개 물질 중 두 개가 테스트를 통과하지 못했어요.

4 두 번째 테스트는 우주 공간을 빠르게 움직이는 작은 입자들에 물질이 얼마만큼 상했는지 알아보는 거예요. 현미경으로 살펴보니, 세 개의 물질이 손상된 것으로 확인되었죠.

5 보고서를 쓰며 오늘의 연구를 정리했어요. 시간이 조금 남아 다른 연구 과제도 잠시 검토했죠. 우리 팀은 특수 물질로 우주인을 위한 조끼를 만들었어요. 우주의 해로운 방사선으로부터 우주인을 지켜 주는 옷이죠!

일의 장점과 단점

장점: 우리가 개발한 어떤 제품은 지구에서도 아주 유용하게 쓰여요.

단점: 우주에서 하는 실험은 오랜 시간이 걸리고, 하나라도 잘못되면 처음부터 다시 시작해야 하죠.

항공 군의관

저는 우주인들이 우주 정거장으로 가기 전과 후, 그리고 근무하는 동안에 그들의 건강을 챙겨 주는 일을 해요. 우주는 무중력 상태이기 때문에 몸을 움직이는 데 근육을 쓸 일이 별로 없어서 자연히 뼈와 근육이 약해지죠. 그래서 우주인들의 건강을 보살피는 것은 아주 중요하답니다. 각 나라에는 우주 탐사를 이끄는 우주 기구들이 있는데, 저는 그런 곳에서 근무하죠.

의과 대학을 졸업한 후 병원에서 근무했어요. 그런데 저는 늘 우주에 관심이 많았답니다. 그래서 다시 학교로 돌아가 항공 우주 의학 석사 학위를 마치고 여러 해에 걸쳐 훈련을 받은 다음 항공 군의관이 되었어요.

1

저의 하루 업무는 우주 정거장에 있는 승무원들과 면담하는 것으로 시작됩니다. 아쉽지만 저는 우주가 아니라 지구에 있죠. 임무 관제 센터에서 일한답니다. 매일 아침 영상 통화로 우주 정거장의 우주인들과 면담하며 건강 상태를 살핍니다. 어떤 걱정거리나 문제에 대해서도 터놓고 얘기하죠.

3

우주인들의 신체 훈련을 살펴보는 것은 아주 중요한 일이에요. 그들이 우주로 떠날 때 어떤 건강 상태인지 잘 알 수 있기 때문이죠. 우주로 떠난 뒤에는 직접 진료할 수가 없잖아요. 떠나기 전에 되도록 자세히 우주인들의 건강 상태를 알아 둬야 한답니다.

2

다음으로 한 여성 우주인의 신체 훈련을 돕습니다. 우주 정거장에 가기 전이나 우주 정거장에서 근무할 때 우주인들의 신체 단련을 위한 운동 프로그램을 짜는 것도 저의 일이죠. 이 여성 우주인은 우주로 떠날 수 있을 만큼 튼튼한 근육과 뼈를 유지하기 위해 일주일에 몇 시간씩 운동을 해야 해요.

일의 장점과 단점

장점: 우주인들이 건강하게 임무를 마칠 수 있도록 돕는 일이 참 좋아요.

단점: 우주 정거장에서 승무원들이 아플 때 가서 도울 수 없다는 게 안타까워요.

4

점심을 간단히 먹은 후 의료 팀과 회의를 시작합니다. 우주 정거장에 어떤 의료용품을 보낼지 논의해요. 우주에 오래 있으면 우주인의 면역 체계에 변화가 생겨요. 병균에 맞서는 면역력이 약해지죠. 그래서 우리는 우주 정거장에 필요한 보급품을 실어 나르는 무인 우주선에 더 많은 항생제를 실어 보내기로 했어요. 항생제는 병균에 감염되는 것을 막아 주는 약이에요.

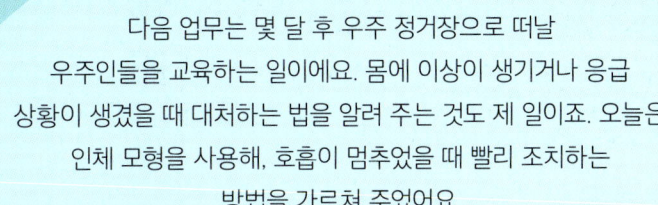

5

다음 업무는 몇 달 후 우주 정거장으로 떠날 우주인들을 교육하는 일이에요. 몸에 이상이 생기거나 응급 상황이 생겼을 때 대처하는 법을 알려 주는 것도 제 일이죠. 오늘은 인체 모형을 사용해, 호흡이 멈추었을 때 빨리 조치하는 방법을 가르쳐 주었어요.

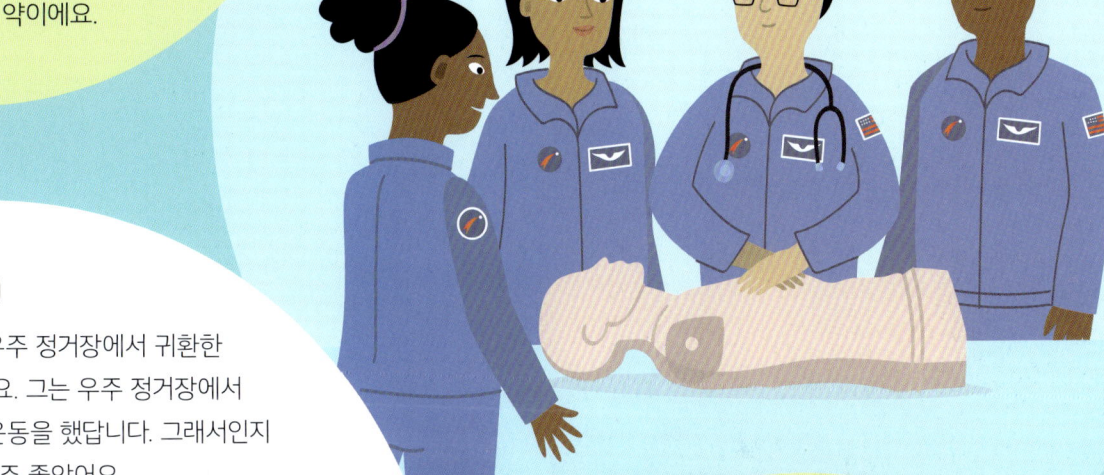

6

늦은 오후에는 얼마 전 우주 정거장에서 귀환한 우주인의 건강을 체크했어요. 그는 우주 정거장에서 근무할 때 하루에 두 시간씩 운동을 했답니다. 그래서인지 건강 상태가 아주 좋았어요.

7

퇴근 시간은 오후 다섯 시예요. 집에서 읽을 보고서를 챙깁니다. 저는 늘 공부를 해야 해요. 우주에서의 생활이 사람 몸에 어떤 영향을 미치는지 더 잘 알기 위해서요. 최근에는 우주 환경이 시력에도 영향을 준다는 사실을 알게 되었어요. 다음번에 우주 정거장으로 떠날 우주인들과 이 문제를 어떻게 연구할지 회의하기로 했어요.

천문학자

제 직업은 천체 망원경을 이용해 우주를 연구하는 일입니다. 여러분이 우주를 탐험하는 천문학자가 되었다고 상상해 보세요. 정말 재미있고 환상적이겠죠? 저는 대부분의 시간을 대학교에서 보내요. 데이터를 분석하고 연구하며, 학생들을 가르치죠. 해마다 몇 주씩은 천문대를 방문해요. 그곳에는 엄청 큰 천체 망원경이 있는데, 다른 천문학자들과 시간을 정해 교대로 사용하죠. 이제 제 차례가 되어 저는 지금 천문대에 있어요.

우주는 어마어마하게 넓은 곳이라서 배워야 할 것이 엄청 많죠. 저는 대학에서 천문학을 전공했고, 5년을 더 공부해서 박사 학위를 받았어요. 그리고 보조 천문학자로 일하며 경력을 쌓았죠.

1
저의 하루는 오후 네 시에 시작됩니다. 밥을 먹으면서 새로 발표된 연구 논문을 읽어요. 천문학자는 새로운 발견을 위해 늘 공부해야 하죠. 다른 천문학자들의 연구 논문과 최신의 정보를 꼼꼼히 찾아보고 공부한답니다. 항상 읽을거리가 많죠.

2
하늘이 어두워지기 시작하면 일을 하러 천문대로 향합니다. 대부분의 천문대는 빛 공해가 적어 밤하늘이 잘 보이는 높은 산꼭대기에 있어요. 대개 도시에서 뚝 떨어진 곳이죠. 천문대에서 바라보는 밤하늘은 얼마나 아름다운지요! 별이 쏟아질 것 같다는 말이 실감 나는 곳이죠.

3
지금 진행하고 있는 프로젝트는 우리은하에서 외계 행성을 찾아내는 일이랍니다.

일의 장점과 단점

장점: 저는 탐험가예요. 우주에서 누구도 보지 못한 것을 최초로 발견하는 사람이죠.

단점: 다른 천문학자들과 망원경을 교대로 사용해야 해서 때로 몇 주 혹은 몇 달씩 기다릴 때도 있어요.

4

천문대에 있는 망원경은 정말 커요. 망원경 안에는 우묵한 반사경이 있는데, 빛을 모아 밤하늘의 천체를 보여 주죠. 그런데 천문학자는 망원경을 직접 들여다보고 관측하지는 않는답니다. 대신 망원경에 장치된 카메라가 망원경이 잡은 관측 대상을 촬영하죠. 저는 사무실에서 컴퓨터로 이 이미지를 본답니다.

5

망원경 작동은 누가 하냐고요? 망원경을 다루는 오퍼레이터가 따로 있어요. 오퍼레이터가 컴퓨터로 천문대의 지붕을 열고, 제가 원하는 관측 대상을 찾아 망원경을 겨누는 거죠. 저는 망원경의 카메라가 보내오는 몇몇의 시험 이미지들을 보는 것으로 관측 작업을 시작해요.

6

관측하려고 계획했던, 밤하늘의 어느 한 곳을 몇 시간 동안 집중적으로 살펴보기도 해요. 저는 망원경의 카메라가 보내오는 이미지들을 컴퓨터로 살펴보고 데이터를 기록해요. 이 데이터는 외계 행성에 대한 새로운 발견을 할 수 있는 연구 자료로 사용될 거예요.

7

해가 뜨기 시작해요. 망원경을 사용할 수 있는 시간이 끝났어요. 천문대의 지붕이 닫히고, 저는 집으로 돌아가요. 새벽 네 시예요. 어서 씻고 자야겠어요.

별을 보는 사람들

어떤 사람에게는 천문학이 직업이 될 수도 있고, 어떤 사람에게는 망원경으로 별을 관측하는 게 재미있는 취미가 될 수도 있어요.

우주공학 엔지니어 (항공우주공학자)

어렸을 때 화성으로 가는 꿈을 꾸었어요. 지금은 화성으로 갈 수 있는 로켓을 설계하고 제작하는 일을 하고 있죠! 어떤 사람들은 천재만이 로켓 과학자가 될 수 있다고 생각하는데, 결코 그렇지 않아요. 보통 사람이라도 배우기를 좋아하고 자신의 일에 뜨거운 열정을 가지고 있다면 누구든 로켓 과학자가 될 수 있답니다.

대학에서 항공 우주 공학을 전공해 학위를 따고, 우주 기구의 인턴 프로그램에 지원했어요. 그 결과 지금의 직업을 갖게 되었죠. 우주 기구에는 로봇, 전자, 컴퓨터 등 다양한 전공 분야의 많은 엔지니어들이 함께 일해요.

1
오전 아홉 시, 우리 부서의 회의가 시작돼요. 우리는 회의를 통해 지금 하고 있는 작업에 대한 모든 것을 공유해요. 저는 지금 로켓을 설계하는 프로젝트에 참여하고 있는데, 이 로켓은 우주선을 지금보다 두 배나 빨리 화성까지 보낼 수 있는 거랍니다. 정말 신나는 일이죠!

2
우리 팀은 로켓의 추진 장치를 맡고 있어요. 로켓을 발사하는 엔진을 만드는 일이죠. 회의를 마친 후 방호복을 입고 실험실로 가요. 몇 가지 테스트를 해야 하거든요.

3
로켓 추진체는 발사 때 엄청나게 높은 열을 받아요. 우리는 텅스텐과 다른 금속을 사용해서 열에 강한 물질들을 만들었어요. 이 물질들이 고온에 얼마나 견딜 수 있는지 알아보는 실험을 할 거예요.

일의 장점과 단점

장점: 지구를 떠나 우주로 날아가는 기계를 만들어요. 지구에서 가장 멋진 직업 아닌가요?

단점: 실패가 없도록 모든 것을 완벽하게 만들어야 해요. 우주에는 정비소가 없으니까요.

4

테스트할 물질을 섭씨 5,400도까지 가열한 다음, 현미경으로 살펴봤어요. 저런! 가는 금이 갔네요! 열에 더 강한 물질을 만들어야겠어요.

하늘을 나는 것

하늘을 나는 것을 만들어 보고 싶다는 생각을 해 본 적 있나요? 항공 우주 공학은 헬리콥터, 비행기, 우주선, 인공위성 등을 만들고 운영하는 것을 연구하는 학문 분야랍니다.

5

보고서에 실험 결과를 기록해요. 어떤 것이 적합하고, 적합하지 않은지를 확실히 해 두는 거죠. 그래야 같은 실패를 되풀이하지 않으니까요.

6

오후에 실험 결과에 대해 팀원들과 의견을 나눕니다. 우리는 텅스텐의 함량을 조금 더 늘려서 다시 도전해 보기로 해요. 내일 다시 실험해 볼 거예요.

7

오늘의 마지막 업무는 화성에 착륙할 새 우주선에 대한 교육에 참석하는 거예요. 우주 공학은 무서운 속도로 발전합니다. 우리는 항상 최신 정보를 공부해야 하죠.

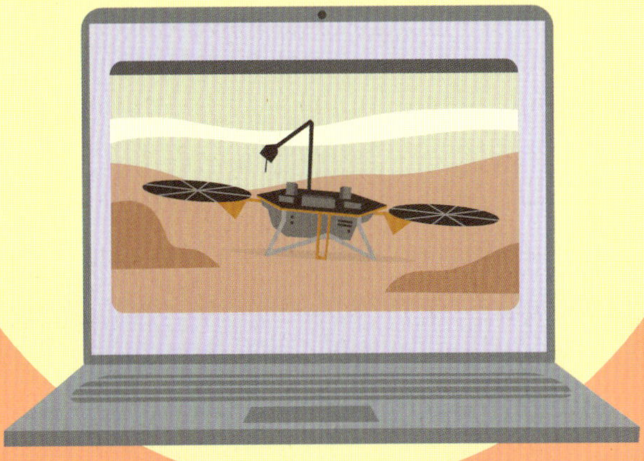

우주법 변호사

제가 우주법 변호사라고 하면 다들 깜짝 놀라요. 대부분의 사람들은 그런 직업이 있는지도 모르죠. 하지만 사람들이 있는 곳에는 항상 법이 필요하고, 법이 있는 곳에는 변호사가 필요하죠. 우주라고 예외는 아니랍니다. 로스쿨을 졸업한 후 저는 우주, 인터넷, 통신 관련 법률을 공부해 석사 학위를 받았어요. 지금은 다른 전문가들과 함께 로펌(법률 회사)에서 근무하고 있죠.

위험에 빠진 우주인을 구출하는 법을 비롯해, 우주 탐사, 우주 물체에 입은 피해 등에 관한 법 등 우주법에는 아주 많은 분야가 있어요.

1
오늘 아침 저는 인공위성을 우주로 발사하려는 한 통신 회사와 상담했어요. 지금 지구 궤도에는 이천 개가 넘는 인공위성들이 떠 있어요. 인공위성들은 지구로 신호를 보내 휴대폰과 인터넷, 텔레비전, 라디오 등을 이어 주는 역할을 하죠. 저는 통신 회사에 인공위성 제작과 발사에 관한 법적인 내용을 안내해 주었어요.

2
인공위성을 띄우려는 회사는 반드시 관계 당국의 허가를 받아야 해요. 저는 그 허가 절차에 대해 설명해 줘요. 저의 도움이 없다면 일을 진행하기 어려울 거예요. 다른 사람들을 도울 수 있다는 점이 제가 이 직업을 사랑하는 이유죠.

3
우주여행을 할 수 있는 때가 가까이 다가오고 있어요. 우주법 변호사에게 아주 흥미로운 새 무대가 열리는 거죠. 제가 상담할 다음 고객은 우주로 관광객들을 보낼 우주 여행사랍니다.

일의 장점과 단점

장점: 전문 지식을 사용해 다른 사람을 도울 수 있어요.

단점: 우주에 대해 생각하는 시간은 많지만, 직접 우주로 가지 못한다는 것! 하지만 언젠가 꼭 가고 말 거예요!

4

우주 관광 지원자는 계약서를 써야 하는데, 거기에는 우주 비행에 따른 위험 등이 자세히 설명되어 있어야 해요. 우주법 변호사는 그런 계약서를 작성해 주는 일을 합니다. 저는 여행사가 계약서에 포함하고 싶어 하는 내용에 대해 의견을 듣고 같이 상의해 적절하게 내용을 정리합니다.

5

오늘은 아침부터 일이 많아 동료들과 간단히 점심 식사를 했어요. 우리는 밥을 먹으면서도 우주법에 관해 얘기를 나눴죠. 그만큼 우주법은 무척 흥미로운 분야거든요.

6

오후에 오늘의 마지막 고객과 상담했어요. 인공위성을 임대해 전 세계로 텔레비전 프로그램을 중계 방송하려는 방송사였죠. 인공위성 소유주랑 임대 계약을 맺으려고 하는데, 계약서를 검토해 달라는 의뢰를 받았어요. 저는 계약서를 꼼꼼히 살펴보았어요. 잘못된 점이 있다면 하나라도 놓치면 안 되거든요.

7

하루 중 남은 시간은 우주법을 연구하는 데 사용해요. 우주 기술이 발전하면서 점점 많은 사람들이 우주로 진출하고 있어요. 이에 발맞추어 앞으로 우주법에 더욱 많은 내용이 포함될 거예요.

우주생물학자

제가 하는 일은 지구 밖 천체에서 생명체가 살 수 있는 가능성을 알아보고, 또 그런 천체를 조사하는 일이에요. 제가 근무하는 우주 기구의 한 과학자 그룹은 화성의 생명체에 대해 연구하고 있어요. 물론 아직 화성 생명체를 발견한 것은 아니지만, 그런 연구를 하는 것만으로도 신나는 일이죠. 과연 우주에 외계 생명체가 살고 있는 곳이 있을까요?

생물학 박사 학위를 받은 후 우주 생물학을 더 공부했어요. 정말 배워야 할 게 많은 분야죠. 생물학, 화학, 물리학, 지질학, 천문학, 해양학 등을 두루 공부해야 한답니다.

1

저의 하루는 실험실에서 실험 결과를 검토하는 일로 시작돼요. 지금 저는 '엔셀라두스'라는 토성의 위성을 조사하고 있어요. 우주생물학자는 지구에서 어떻게 생명체가 나타났는지에 대해 큰 관심을 갖고 있는데, 많은 우주생물학자들이 바다 밑바닥의 뜨거운 열수공(뜨거운 물이 뿜어져 나오는 구멍) 근처에서 처음으로 생명체가 생겨났다고 믿고 있죠. 엔셀라두스는 지하에 큰 바다를 품고 있어서, 그곳에 생명체가 살고 있지 않을까 추측하고 있어요.

2

실험실에 바닷속 열수공 부근과 비슷한 환경을 만들었어요. 현미경으로 그곳의 화학 물질들이 생명체를 만드는 반응을 보이는지 자세히 관찰했죠. 하지만 아직까지 그런 반응은 나타나지 않았어요. 좀 더 시간을 가지고 기다려 봐야 할 것 같아요.

3

토성의 다른 위성에 대한 탐사를 계획하고 있는 팀과 회의를 했어요. 그들은 탐사선 모형을 보여 주었는데, 토성의 위성에서 생명체의 신호를 발견하고 데이터를 수집할 수 있는 탐사선이었죠. 정말 설레는 순간이었어요!

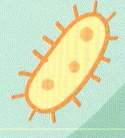

4

점심 식사 후 신문 기자가 인터뷰를 하러 찾아왔어요. 저는 사람들에게 제가 하는 일을 자세히 설명하는 걸 좋아해요. 기자에게 우리가 찾고 있는 것은 아주 작은 미생물이지 '우주 괴물'은 아니라고 말해 주었어요. 사람들은 그런 우주 생명체를 보기를 원하지만요.

5

인터뷰가 끝난 후 회의에 참석했어요. 연구 프로젝트를 발표하기 위해서요. 물론 다른 우주생물학자들이 화성의 생명체에 대해 연구한 내용을 듣기도 한답니다. 우리는 각자 연구한 내용을 서로 공유하기를 좋아하죠.

6

엔셀라두스에 관한 보고서를 쓰는 것으로 하루 일과를 마무리해요. 머나먼 우주에 있는 조그만 위성에서 생명체가 살고 있다는 것은 믿기 어려운 일이죠. 하지만 지구의 깊은 바닷속에도 생명체가 살고 있는 것을 보면, 태양계의 다른 천체에 생명체가 살고 있지 않다고 단정하기는 어려워요.

우주 생물학

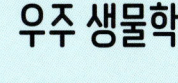

우주 생물학에는 크게 두 분야가 있는데, 하나는 지구 밖 외계에 존재하는 생명체를 찾는 것이고, 다른 하나는 실제로 생명체가 우주에서 어떻게 생존하는지를 연구하는 분야예요. 예를 들어, 우주에서 식물을 재배하는 방법을 연구하는 것도 우주생물학자가 하는 일이죠. 만약 이 실험이 성공한다면 우주인들은 싱싱한 채소와 과일을 먹을 수 있겠죠.

일의 장점과 단점

장점: 외계 생명체를 찾는 일은 공상 과학 소설만큼이나 재미있는 일이라서 열심히 연구하고 있어요.

단점: 아직까지 어떤 외계 생명체도 찾지 못해 안타까워하고 있어요. 하지만 머지않아 찾을 거라는 희망을 품고 있죠.

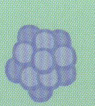

영양사

우주인의 건강을 돌보는 사람은 항공 군의관뿐만이 아닙니다. 우주인들은 보통 우주 정거장에서 몇 달씩 머물러요. 그 기간 동안 건강하고 행복하게 지내려면 세심하게 준비된 많은 계획들이 필요해요. 우주인들이 먹는 음식과 그들의 건강에 도움을 주는 게 영양사가 하는 일이죠.

대학에서 생물학을 전공한 후, 영양학을 공부해서 박사 학위를 받았어요. 저는 주로 우주인들 가까이에서 근무했지만, 우주 식품 개발에 전념하는 영양학자도 있답니다. 우주인들에게 어떤 식품이 가장 안전하고 먹기 좋으며 영양가 있는지를 연구하는 거죠.

1

오늘 아침에는 몇 달 후 우주 정거장으로 떠나는 우주인과 만났어요. 그녀는 우리가 준비한 음식과 음료를 시식했어요. 음식이 그녀에게 잘 맞는지 알아보기 위한 거죠. 그런 다음 우주 정거장에 있는 동안 먹을 식단을 작성했어요. 우주인들이 맛있게 먹을 수 있는 식단을 짜는 것은 우리에게 가장 중요한 일이죠.

2

우주 식품의 특징은 맛은 좋지만 보기에는 별로라는 점이에요. 무게와 부피를 줄이려고 식품에서 수분을 빼 버렸기 때문이죠. 부피가 크면 우주선에 싣기가 어렵고, 무거우면 발사 때 로켓에 부담을 주거든요. 예를 들어, 수분이 빠진 마카로니와 치즈가 포장된 용기에 특수 기계를 이용해 물을 주입하면, 바로 그 내용물을 먹을 수 있어요.

3

그녀는 하루에 세 가지 주식 메뉴와 두 종류의 간식을 골랐어요. 음식의 종류는 파스타, 닭고기, 과일, 견과류, 브라우니 등 무척 많아요. 우주인의 식단은 여드레마다 반복되기 때문에 음식이 크게 질리지는 않죠.

4

실험실에서 몇 가지 테스트를 했어요. 식단에 적당한 비타민, 미네랄, 칼로리가 반영되어 있는지 검사했죠. 안타깝게도 더 많은 영양분을 섭취해야 한다는 결과가 나왔어요.

5

다음 회의에서 식단에 더 많은 채소류를 추가해야 한다고 말해야겠어요. 우주인을 위한 음식들은 우주선 발사 한 달 전에 준비될 거예요.

6

점심을 먹은 다음 우주 정거장에 있는 우주인들이 작성한 기록을 검토했어요. 우주인들은 하루에 섭취한 음식물의 종류와 양을 앱에 기록해요. 기록을 살펴보니 한 사람이 물을 충분히 섭취하고 있지 않은 걸 발견했어요. 그에게 물을 더 많이 마시라고 해야겠어요.

7

우주 정거장의 한 승무원과 연락을 했어요. 그의 몸무게가 너무 많이 줄었거든요. 다음 보급품을 실은 우주선이 우주로 갈 때 탄수화물과 지방이 많이 포함된 식품을 보내야겠어요. 그 식품을 먹으면 몸무게가 늘어날 거예요.

8

퇴근하기 전에 실험실에서 몇 가지 실험 결과를 살펴봤어요. 우주에서 생활하다 보면 뼈가 약해져요. 우주 정거장에서 근무하고 돌아온 두 우주인을 대상으로 특별 식단을 제공하는 실험을 했는데, 생선이 듬뿍 들어간 식단이었죠. 실험 결과 두 사람의 뼈가 더 튼튼해졌어요. 미래의 우주인들에게 좋은 소식이죠. 하지만 생선을 싫어하는 사람에겐 나쁜 소식이겠죠!

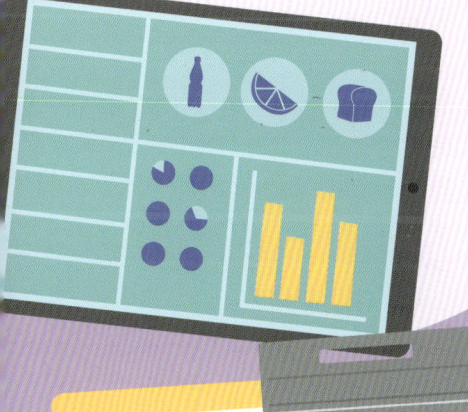

일의 장점과 단점

장점: 우주인들이 우주에서 더 건강하고 행복하게 지낼 방법을 찾아내는 건 신나는 일이에요.

단점: 우주 정거장의 주방에서 직접 신선한 음식을 만들 수 없다는 점이 아쉬워요. 하지만 언젠가 그런 날이 오겠죠?

우주선 관제사

저는 지상의 임무 관제 센터에서 근무해요. 우주선 관제사 팀의 한 파트에서 일하는데, 우주 정거장의 승무원들을 안전하게 지켜 주고 그들이 하는 업무를 돕는 일을 해요. 우주 정거장의 전력과 승무원들이 숨 쉬는 공기를 점검하는 일을 비롯해 정말 중요한 여러 가지 일들을 하죠.

1
저의 하루는 각자의 콘솔(컴퓨터 책상)이 줄지어 있는 임무 관제실에서 시작됩니다. 우리는 커다란 스크린을 통해 지구의 놀라운 모습을 매일같이 보죠. 허리케인, 태풍 같은 것이 빙빙 돌면서 바다 위를 달리는 광경도 본답니다.

대학에서 공학 기술을 전공했어요. 우주 기구에서 관제사 자격을 얻기 위해 많은 훈련을 받았답니다. 우주선의 어떤 장비가 고장 나거나 우주선 안에서 화재 등 위급 상황이 발생했을 때 대처하는 방법 등을 실습을 통해 배웠죠.

2
저는 우주 정거장과 통신하는 일을 맡고 있어요. 우리는 교대로 근무해요. 24시간 상황을 지켜봐야 하기 때문에 한시라도 자리를 비울 수 없죠. 저는 이전 근무자에게 우주 정거장에서 있었던 일들을 전해 듣는 것으로 업무를 시작해요. 다행히 우주 정거장에는 아무런 문제도 없었어요.

3
다음으로 저는 일지를 검토해요. 여기에는 임무에 관한 모든 것들이 기록되어 있죠. 만약 어떤 일이 잘못되었거나 문제가 발생했다면 기록을 통해 모두 알 수 있어요. 저는 아홉 시간 동안 근무를 하며 기록을 계속 업데이트해요.

4
스크린 앞에 앉아 데이터들을 살펴봐요. 모든 것이 정상이었는데, 갑자기 컴퓨터에 경보 신호가 떴어요. 우주 정거장의 통신 안테나 하나가 제대로 작동하지 않는다는 신호였어요. 다행히 우주 정거장에는 항상 여분의 부품이 있어요. 그런데 안테나를 어떻게 바꿔 달아야 할까요?

5
이 문제를 팀장에게 보고했어요. 그녀는 부서원들을 모두 소집해서 회의를 열었어요. 우리는 어떤 문제가 생기면 늘 같이 도와 문제를 해결하죠. 의사소통 능력은 우리 직업에서 무척 중요해요.

6
회의가 끝난 후 저는 우주 정거장의 승무원에게 상황을 설명했어요. 지구 상공 400킬로미터 높이에서 시속 27,740킬로미터로 지구 둘레를 돌고 있는 사람과 대화를 나누는 거예요. 생각할수록 정말 놀라운 일 아닌가요?

7
우리는 고장 난 안테나의 사진을 찍어 상황을 자세히 살펴볼 필요가 있다고 판단했어요. 그래야 어떻게 수리할지 결정할 수 있으니까요. 물론 쉬운 일은 아니죠. 안테나는 우주 정거장 바깥에 있으니까요. 저는 승무원에게 안테나가 있는 위치와 해야 할 일에 대해 설명해 주었어요.

일의 장점과 단점

장점: 멋진 팀의 구성원이라는 것이 자랑스러워요. 우리는 늘 서로 도와 문제를 해결해 나가죠.

단점: 우주 정거장에 문제가 생겼을 때 스트레스를 많이 받아요. 하지만 우리는 언제나 문제를 잘 해결한답니다!

8
우주 유영에 나서려면 준비하는 데만 24시간이 필요해요. 저는 모든 세부 사항을 빠짐없이 일지에 기록했어요. 내일 저는 우주 유영에 나선 승무원을 잘 안내해야 해요. 근무 시간이 끝난 후, 다음 근무자에게 그동안 있었던 일을 꼼꼼히 설명해 줬어요. 집으로 돌아가는 길에 내일 해야 할 일을 생각하니 가슴이 두근거렸어요.

천체물리학자

우주는 언제, 어떻게 태어났을까요? 그리고 어떻게 이 모든 은하와 별, 행성들이 생겨났을까요? 저는 어렸을 때부터 이런 질문에 대한 답을 알고 싶었어요. 이제 저는 천체물리학자가 되어 대부분의 시간을 이런 질문들의 답을 찾기 위해 연구하고 있답니다.

1

사무실에 출근하면 바로 컴퓨터 앞에 앉아요. 천체 망원경을 보는 시간보다 컴퓨터에 매달려 있는 시간이 훨씬 길죠. 우주는 지금 이 순간에도 커지고 있답니다. 저는 어떻게 이런 일이 일어나는지에 대해 연구해요.

저는 우주는 물론이고 수학과 물리학에 큰 관심을 가지고 있었어요. 대학에서 천문학을 공부했고, 천체 물리학을 전공해 박사 학위를 받았죠. 그리고 여러 해 동안 열심히 노력하고 연구한 끝에 대학에서 연구원으로 일하며 우주를 연구하는 생활을 즐기고 있답니다.

2

제가 관심을 갖고 연구하는 분야는 '퀘이사'랍니다. 퀘이사는 아주 밝은 천체인데, 태양보다 무려 수십억 배나 밝죠. 지구 궤도에 떠 있는 거대한 허블 우주 망원경은 퀘이사에 대해 많은 정보를 알려 주고 있답니다.

3

허블 망원경이 보내오는 최근의 데이터를 연구하고 있어요. 퀘이사에서 출발한 빛은 수십억 년에 걸쳐 우주를 여행한 끝에 허블 망원경에 도착해요. 저는 퀘이사까지의 거리를 계산했어요. 이는 퀘이사가 그 먼 거리에서 얼마나 빨리 움직이고 있는지를 알 수 있게 해 주죠.

일의 장점과 단점

장점: 인류 중 아무도 알지 못하는 것에 대해 질문하고 그 답을 찾아내는 일이야말로 진정한 모험 아닌가요!

단점: 새로운 정보를 얻으면 그 의미를 알아내려고 무지 힘쓰죠. 꽤나 에너지가 필요한 일이랍니다.

4

연구하는 틈틈이 시간을 내어 팟캐스트 방송을 녹음해요. 약 30분 동안 행성, 블랙홀 등 천체 물리학의 다양한 주제에 대해 이야기해요. 제가 무척 재밌어하는 일이죠. 우주에 대한 흥미로운 사실을 사람들에게 알려 주는 게 너무 즐거워요.

5

점심시간에 구내식당에서 동료들과 같이 식사를 해요. 지금 저는 중요한 과학 간행물에 발표하기 위해 보고서를 쓰고 있는데, 동료들과 그에 대한 의견을 나눠요. 천체 물리학은 아주 커다란 주제이기 때문에 서로의 아이디어를 공유하는 협동 작업이 꼭 필요하죠.

6

천체 물리학에는 배워야 할 것들이 언제나 넘쳐나요. 점심 식사 후 동료들과 강의실로 향해요. 유명한 천체물리학자가 블랙홀에 관한 강의를 한다고 해서 참석하려고요. 강의는 참 재미있었어요. 필기도 많이 했죠.

7

저는 제 연구를 진행하는 한편으로 한 그룹의 후배 연구원들을 감독합니다. 일대일로 면담해서 그들이 연구하는 과제를 살펴보죠. 한 연구원은 은하의 종류에 대해 아주 재미있는 보고서를 쓰고 있어요. 그녀는 질문을 자주 하고 배움을 정말 사랑하는 사람이죠.

8

퇴근할 시간이에요. 저녁으로 무엇을 먹을까 고민하다가 피자로 결정했어요. 메뉴를 정하는 일은 '우주는 어떻게 탄생했을까?'에 답하는 것보다 약간 더 쉬운 문제였죠.

우주 센터 매니저

사람들은 우주에 대해 배우기 위해 우주 센터를 방문해요. 그들이 알고 싶어 하는 것은 우주인과 로켓에서부터 행성과 별에까지 아주 넓은 범위에 걸쳐 있죠. 제가 하는 일은 우주 센터의 전시물을 관리하고 직원들을 감독해 방문객들을 즐겁고 만족스럽게 만드는 거예요. 제 직업은 관광과 비즈니스, 과학이 결합된 일이에요. 사람들을 잘 상대하고 돈을 잘 관리하는 능력 그리고 우주에 대해 많은 지식을 갖출 필요가 있죠.

저는 대학에서 관광 비즈니스학을 전공한 후 지역의 관광 센터에서 부팀장으로 근무했어요. 하지만 저는 늘 우주에 큰 관심을 갖고 있었죠. 우주 센터에서 매니저 일자리를 얻게 되었을 때 정말 기뻤답니다.

1
우주 센터에는 하루에 수백 명의 방문객들이 찾아와요. 저는 매일 아침 전시 코스를 돌아다니며 모든 것이 제대로 준비되었는지 점검해요. 직원들과 만나 인사하고 무슨 문제가 없는지 물어보죠. 매니저로서 우주 센터가 사람들에게 행복하고 쾌적한 장소가 될 수 있도록 노력해요.

2
오전 열 시에 전시 담당자와 회의를 가집니다. 우리 국립 우주 기구는 태양 탐사선을 발사하려 한답니다. 태양 둘레를 돌면서 관측하고 탐사하는 우주선이죠. 그래서 우리는 태양에 관한 대규모 전시를 열려고 해요. 방문객들이 직접 참여할 수 있는 전시도 준비할 거예요.

3
회의를 마친 후, 우주 센터 내의 기념품 가게를 방문해 상품이 잘 팔리는지 관리자와 이야기를 나눕니다. 과학 실험 세트가 가장 잘 팔린다고 해서 다음에 더 많은 양을 주문하기로 했어요. 방문객을 즐겁게 하고 가게의 매출이 많을수록 우주 센터는 더 튼튼해지는 거랍니다.

4
오후에는 마케팅 팀과 방송국 분들을 만났어요. 우리가 최근에 준비한 전시는 정말 놀라운 것이죠. 임무가 취소되는 바람에 우주로 발사된 적이 없는 우주선 캡슐을 전시하고 있답니다. 우리는 이 전시를 홍보하기 위해 여러 언론사들과 인터뷰를 했어요. 아마 많은 사람들이 우주 센터를 방문해 전시를 즐길 거예요.

5
오늘의 마지막 업무는 최근의 우주 탐사에 대해 알고 싶어서 찾아온 방문객들을 만나는 일입니다. 저는 그런 분들에게 이야기를 들려주는 걸 무척 좋아해요.

일의 장점과 단점

장점: 저는 사람들과 어울리기를 좋아해요. 우주 센터는 항상 사람들이 북적거리는 곳이라, 제게 딱 맞는 곳이죠.

단점: 방문객들의 질문에 일일이 대답해 주지 못할 때가 있는데, 그때는 속이 상해요.

천체투영관 강사

천체투영관은 천체와 별자리 같은 천문 영상을 반구형의 천장 스크린에 상영하는 극장입니다. 플라네타륨이라고도 하죠. 천체투영관은 어린이부터 어르신까지 다들 좋아해요. 아름답고 신비한 우주 쇼가 천장의 스크린 위에 펼쳐지기 때문이죠. 저는 우주 쇼를 진행하면서 설명하는 일을 해요. 천체투영관 강사는 우주의 신비를 사람들에게 전해 주는 직업이죠.

대학에서 물리학을 전공했고, 천문학 석사 학위 과정을 더 공부했죠. 지역 박물관에서 가이드 자원 봉사를 하기도 했어요. 그때 제가 사람들과 어울리는 일을 좋아하는 성격인 것을 알았죠.

1
오늘 상영할 쇼를 실수 없이 진행하기 위해 모든 것을 철저히 준비해요. 한 학교에서 단체로 아이들이 왔어요. 아이들이 좌석에 모두 앉으면 실내조명을 꺼요. 이윽고 돔형의 스크린에 아름답고 놀라운 천체 영상이 펼쳐지자 아이들이 탄성을 질러요. 저는 이 순간이 참 좋아요.

2
아이들에게 밤하늘의 별에 대해 설명하고, 북극성 찾는 법을 가르쳐 주어요. 별들은 밤새 동쪽에서 서쪽으로 움직이지만 북극성은 한곳에서 꼼짝도 않죠. 북극성을 찾으면 북쪽을 알 수 있고, 따라서 동서남북 방향을 모두 알 수 있답니다.

3
천체투영관에서 우주 쇼가 끝나면 아이들을 천문대로 안내해요. 아이들이 가장 좋아하는 것은 커다란 천체 망원경을 보는 거랍니다.

일의 장점과 단점

장점: 천문학 분야에서는 늘 새로운 발견이 이루어지죠. 그래서 저는 선생님이자 학생이기도 한답니다.

단점: 야외에서 별 관측을 하려고 계획했는데, 그날 마침 구름이 하늘을 가리면 실망이 이만저만이 아니랍니다!

4
점심을 먹은 후 각종 이메일에 답장을 하고, 천체투영관 블로그에 이번 달 밤하늘에서 볼 수 있는 천문 현상 같은 콘텐츠를 올립니다. 그리고 천문학 관련 최신 자료를 챙겨 보면서 스스로를 충전해요.

5
마지막 일과로 성인 단체 팀과 별을 관측해요. 다행히 오늘은 날씨가 맑아서 밤하늘의 아름다운 모습이 잘 보이네요.

우주 기상 예보관 (우주 전파 예보관)

항상 우주에 관심이 많았어요. 하지만 우주 기상 예보관이 될 줄은 몰랐죠. 대학에서 물리학을 전공한 후, 기상청에서 일을 시작했어요. 그곳에서 근무하면서 우주 기상 예보관이란 직업을 알게 되었고, 무척 기뻤죠. 이후 우주 과학과 전자 공학을 공부해 지금의 일자리를 얻게 되었어요.

지구의 날씨는 우주에 영향을 받아요. 특히 태양 활동에 큰 영향을 받죠. 태양은 전기를 띤 입자의 흐름인 태양풍을 우주 공간으로 뿜어내는데, 이 태양풍이 엄청 강해지면 인공위성 등이 피해를 입거나 지상에서 대규모의 정전 사태가 일어나기도 한답니다.

1
아침 일찍 출근을 해요. 제가 출근을 하면 밤 근무를 했던 동료가 퇴근을 하죠. 우리는 하루 24시간 쉬지 않고 태양 활동과 우주 환경을 관측합니다. 그래서 밤과 낮으로 교대 근무를 하죠.

2
맨 먼저 기상 관측 위성이 보내온 데이터를 살펴봅니다. 관측 위성들은 우주 날씨에 대해 많은 정보를 보내와요. 그 정보 중에는 태양풍이 얼마나 빠른 속도로 지구에 접근하는지 알려 주는 것도 포함되어 있어요. 만약 태양풍이 엄청난 속도로 지구를 덮치면 통신 시설이나 인공위성이 피해를 입을 수도 있어요. 다행히 오늘은 보통 속도로 불어오네요. 시속 144만 킬로미터, 초속으로는 400킬로미터예요. 어마어마하죠?

3
우주 날씨에 대한 정보를 다 수집하면 그것을 세계 각지의 우주 기상 센터 예보관들에게 보내요. 제 일은 이처럼 지구 전체를 아우르는 협동 작업을 하는 거랍니다.

일의 장점과 단점

장점: 우주 날씨에 대해서 아직 모르는 부분이 너무 많아요. 그 점이 제겐 참 흥미롭답니다.

단점: 이 직업이 있는 줄도 모르는 사람이 대부분이죠. 그래서 우주에도 날씨가 있다는 걸 열심히 설명하고 다닌답니다.

4

점심 식사 후에는 새로 도착한 태양의 사진들을 검토합니다. 태양 표면에 있는 흑점들을 특히 자세히 살펴봐요. 이 어두운 얼룩들은 곧 일어날 태양 활동을 알려 주는 역할을 해요. 흑점 부근에는 갑자기 강한 빛을 내는 '플레어'가 곧잘 발생한답니다.

5

플레어는 주로 흑점 부근의 대기에 뭉쳐진 에너지가 짧은 시간에 폭발하는 현상입니다. 강력하게 일어나면 라디오 방송 같은 지상의 통신 시설이나 인공위성에 큰 피해를 주어요. 또 우주 정거장에 있는 우주인들의 건강을 해치기도 하죠. 우주 날씨를 관측하는 것은 이런 이유들 때문이랍니다. 태양 사진을 검토한 결과, 최근에 플레어가 발생했다는 것을 알았어요. 그 내용을 기록해 두고 플레어가 미칠 영향에 대해 동료들과 의견을 나누었어요.

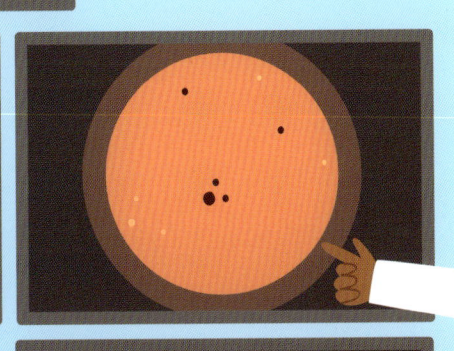

6

태양 사진과 데이터를 검토한 후 보고서를 작성해요. 웹 사이트에 올릴 거랍니다.

7

퇴근하기 직전에 과학자 팀과 회의를 했어요. 현재 개발 중인 장비에 대해 의견을 나누었어요. 그것은 우리에게 피해를 줄 수 있는 우주 날씨에 대한 정보를 보다 빨리 알려 주는 장비였죠. 이처럼 우리는 우주 날씨를 정확히 예보할 수 있는 기술과 장비를 계속해서 개발하고 있답니다.

다른 행성의 날씨

날씨 변화는 지구에만 있는 게 아니랍니다. 목성에도 날씨가 있어요. 목성 표면에는 400년 넘게 어마어마한 폭풍이 불고 있는데, 얼마나 큰지 지구 몇 개가 퐁당 들어갈 크기랍니다! 그리고 토성에서 부는 바람은 무려 시속 1,600킬로미터나 된답니다!

우주 센터 홍보 담당자

저는 우주 센터와 일반 대중을 이어 주는 일을 해요. 우주 탐사 분야에서 일어나는 흥미로운 일들을 사람들에게 알려 주는 직업이죠. 소통하는 방법은 웹 사이트, 이메일, 영상 제작, 언론 인터뷰 등 아주 많답니다. 사람들이 우주에 대해 더 많이 알고 우주 탐사의 의미를 이해할 수 있도록 도우며, 그들을 우주로 안내하는 것이 저의 임무예요.

대학에서 미디어 제작을 공부했고, 영상, 사진, 웹 사이트 디자인 등 대중과 소통하는 다양한 방법을 배웠어요. 제 직업에서 중요한 것은 사람들과 함께 일하는 것을 즐기고, 체계적으로 일하는 거예요. 늘 여러 사람과 협조해서 다양한 일들을 해내야 하기 때문이죠.

1
저는 우주 기구의 교육 웹 사이트를 운영하는 팀에서 일해요. 오늘 아침에는 우주 기구에서 가장 큰 천체 망원경을 담당하는 천문학자를 만났어요. 그녀는 우리 웹 사이트에 올릴 사진을 몇 장 골라 주었죠.

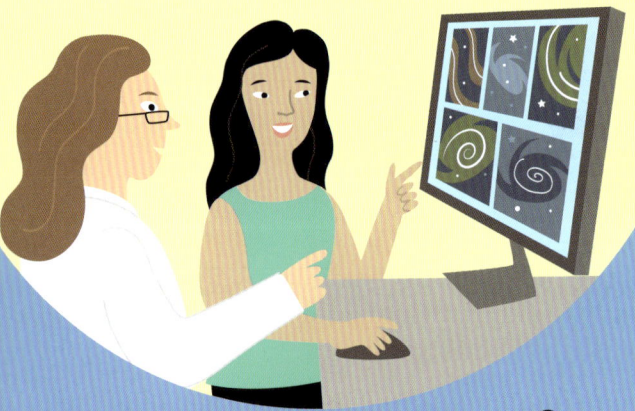

2
천체 사진들을 웹 사이트에 올리고 설명을 달았어요. 학생들이 그 사진들을 잘 이해할 수 있도록 말이죠.

3
다음으로 공모전을 심사했어요. 태양 탐사를 위해 발사할 우주 탐사선의 이름을 학생들에게 공모했는데, 수천 개의 이름이 모집됐어요. 심사 결과 당선된 이름은 '새로운 새벽(New Dawn)'호였어요. 저는 당선작을 보낸 학생에게 전화를 걸었어요. 상품이 뭐냐고요? 우주선 발사에 참가할 수 있는 초청장이랍니다. 물론 그 학생은 엄청 기뻐했죠!

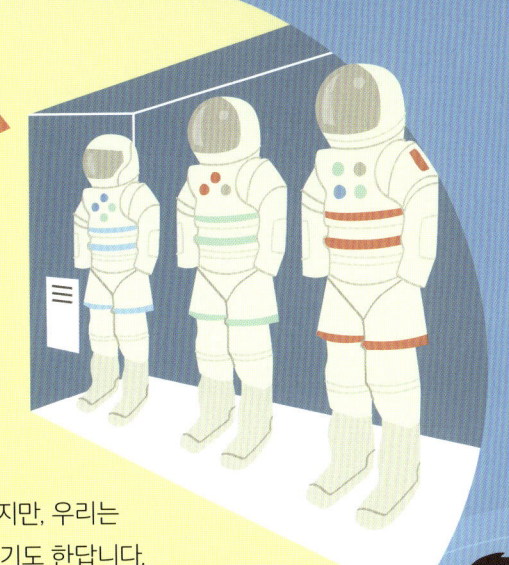

4
지역 박물관에서 전화가 왔어요. 사용하지 않는 우주복을 전시용으로 빌리고 싶다고 했죠. 믿기지 않을지 모르지만, 우리는 그런 것을 빌려주기도 한답니다. 저는 메일로 신청서 서식을 보내며 해설사도 필요한지 물어보았어요.

5
점심을 먹은 후 영상 제작자를 만났어요. 우리는 화성에 사람을 보내는 프로젝트에 관한 영상을 제작하기로 했어요. 저는 카메라 앞에서, 네티즌들이 보내온 질문들을 바탕으로 과학자를 인터뷰했죠.

6
우주 센터는 자체 방송 채널을 갖고 있어요. 저는 채널의 매니저를 찾아갔어요. 머지않아 여성 우주인이 여성으로서는 최초로 우주 유영에 나서는데 그 모습을 방송할 예정이에요. 그래서 그에 대한 이야기를 나누었어요. 블로그에 포스팅하기 위해 내용을 메모해 왔죠.

7
마지막으로 할 일은 소셜 미디어(SNS)에 새로운 소식을 업데이트하는 거예요. 우리 팔로워들은 밤하늘에서 어떤 천체를 볼 수 있는지 알려 주는 걸 좋아해요. 저는 내일 해가 뜨기 전 하늘에서 화성과 목성, 토성을 볼 수 있다고 알려 줍니다. 저도 내일은 일찍 일어나서 꼭 봐야겠어요!

일의 장점과 단점

장점: 아이들이 우주를 재밌게 배울 수 있게 도와주는 교육 콘텐츠를 만드는 것이 좋아요.

단점: 카메라 앞에 서는 게 가끔 긴장될 때가 있어요.

연구원

저는 화성 전문 연구 팀에 속해 있어요. 지금은 남극으로 출장을 왔죠. 남극 대륙은 엄청 춥고 건조해서 극한 환경인 우주에 대해 연구하기에 딱이랍니다. 여기서 저는 우주에서 사용하는 장비들을 테스트해요. 저는 우주에 정말 관심이 많았어요. 그래서 우주 기구에서 연구원 일자리를 얻었죠. 남극의 추위 따위는 겁 안 나요.

천문학을 전공하고 행성학까지 공부해 박사 학위를 땄어요. 그 덕분에 우주 기구의 연구 센터에 일자리를 얻었죠. 그곳의 과학자들은 우주에 대해서 새로운 것을 배우고 발견하는 일에 하나같이 열정적이랍니다.

1
근무복을 입는 것으로 하루 일과를 시작해요. 근무복을 입는 데는 시간이 꽤 걸려요. 먼저 방한 내의를 입고 따뜻한 스웨터와 바지를 입은 다음, 그 위에 두꺼운 방수 재킷과 바지를 껴입습니다. 마지막으로 장갑을 끼고 털모자를 쓰죠. 그러면 출동 준비 끝!

2
사륜차를 타고 좀 달리면 거대한 바위 골짜기에 닿습니다. 거기서 멈춰 서 차에서 드릴을 꺼내요. 화성에서 우리는 드릴로 땅을 파서 바위를 조사하고 생명체의 흔적을 찾아내려 해요. 그 작업을 위해 개발된 긴 드릴로 남극 땅을 파는 테스트를 할 거예요.

3
장비를 조립해서 땅을 약 4미터 파 내려갑니다. 그리고 바위와 흙 샘플을 용기에다 담습니다. 드릴의 성능이 참 좋은 것 같네요.

4

연구 센터로 돌아와 샘플을 잘 보관합니다. 나중에 대학 연구 팀으로 보낼 거예요. 연구 팀에서는 그 샘플을 이용해 남극 땅에 어떤 생명체가 존재하는지 연구할 거예요. 저는 제가 하는 일이 지구를 연구하는 데 도움이 된다는 점이 무척 마음에 들어요.

5

제가 묵는 곳은 일반 텐트가 아닌 공기 주입식 텐트랍니다. 이 텐트는 달에 착륙한 우주인을 위해 설계한 것이죠. 우리 연구 팀의 연구원이 설계한 것인데, 몇 가지 모델이 있답니다. 그중 최신 모델을 이번 출장에서 테스트하는 거예요. 달도 남극과 마찬가지로 엄청 춥고 건조한 곳이죠. 이 텐트를 만든 동료는 테스트 결과를 몹시 듣고 싶어 하겠죠.

6

할 일을 모두 마무리한 후 잘 준비를 합니다. 바깥은 무척이나 춥지만 텐트와 침낭이 저를 따뜻하게 지켜 주어요. 저는 잠들기 직전까지 제가 중요한 연구를 하고 있다는 생각에 행복해한답니다.

일의 장점과 단점

장점: 인류를 위한 미래의 우주 탐사에 제 연구가 도움이 된다는 사실이 뿌듯해요.

단점: 하나의 연구 프로젝트가 끝나면 새로운 연구 과제를 찾아야 하고 팀을 옮겨야 하기도 해요.

지구에서도 우주에서도

우주와 관련된 연구를 하는 연구원(과학자)들은 직접 출장을 다니기도 하고, 실험실에서 실험을 하기도 하고, 우주에 있는 탐사선이 보내오는 데이터를 열심히 분석하기도 한답니다.

공상 과학 소설가

저는 우주 탐사, 시간 여행, 외계인 등이 등장하는 공상 과학 소설을 정말 좋아했어요. 공상이 아닌 실제 우주와 과학에도 관심이 많았죠. 우주와 과학에 관한 것이라면 시간이 들더라도 아주 세밀한 부분까지 파고들며 공부하곤 했어요. 물론 글쓰기도 아주 좋아한답니다.

작가가 되는 데 특별한 자격증이 필요한 건 아니에요. 하지만 많은 노력과 훈련이 필요하죠. 시나 소설 쓰기 연습을 습작이라고 하는데, 자기 작품을 출간하기까지는 오랜 습작 기간을 거쳐야 하죠. 작가가 되려는 사람은 무엇보다 자신에 대한 믿음이 강해야 해요.

1 저는 요즘 토성 여행에 관한 책을 쓰고 있어요. 아침에 일어나 어제 쓴 글을 읽어 보니, 고쳐야 할 부분이 얼마나 많은지 깜짝 놀랐답니다!

2 오전에 잠시 쉬면서 원고를 빨리 쓰는 편이 좋겠다고 생각했죠. 힘을 내려고 간식을 먹었어요. 다시 글을 쓰려고 하니 문득 내게 작가의 소질이 없는 게 아닐까 하는 생각이 들었어요. 제가 쓴 글을 읽고 잘못된 부분을 지적하고 비판해 주는 선생님이 있다면 얼마나 좋을까요?

3 원고의 다음 장을 쓰기 시작했어요. 토성의 대기에 관한 내용을 쓰다가 이 내용이 과학적으로 맞는지 자신이 없었어요. 의문이 나는 부분과 궁금한 점을 정리해서 우리 지역의 대학에 있는 과학자에게 메일을 보냈어요.

4 글을 쓰면서 간단히 점심을 먹었어요. 저는 창의성을 발휘해 새로운 세계를 상상하는 것이 무척이나 즐거워요. 시간이 금방 지나가죠.

5 글쓰기를 마친 후 동네 책방으로 갑니다. 최근에 제가 쓴 소설이 출간되었는데, 책방에서 사인회를 열고 싶다는 부탁을 받았어요. 하루 종일 컴퓨터 앞에 앉아 있다가 외출해서 독자를 만나는 것은 정말 멋진 일이죠.

일의 장점과 단점

장점: 내가 쓴 글이 책으로 만들어져 세상에 나온다는 건 정말 신나는 일이죠!

단점: 글쓰기는 고독한 작업이에요. 어떤 때는 하루 종일 다른 사람과 한마디도 하지 않을 때도 있죠.

기술 작가

글쓰기만큼이나 과학을 좋아했어요. 우주 기구에서 기술 작가를 구한다는 것을 알았을 때, 이거야말로 나에게 딱 맞는 일자리라고 생각했죠. 저는 과학자나 엔지니어가 만든 기술이나 장비, 서비스를 사람들이 이해하기 쉽게 설명하는 글을 씁니다. 여러분도 이 직업에 도전해 본다면 틀림없이 마음에 들 거예요.

1
우주 기구에서는 곧 우주 정거장에 새로운 과학 장비를 보내려고 해요. 그래서 저는 승무원들을 위해 새로운 장비의 사용 설명서를 쓰고 있는 중이죠. 장비를 개발한 엔지니어에게 들은 설명은 너무나 길고 복잡해서 더 간단하고 쉽게 정리하고 있어요.

대학에서 국문학과 영문학을 공부했고, 기술 문서 작성에 대해 전문적으로 공부했어요. 저는 우주 기구에서 과학자, 디자이너, 엔지니어 등 다양한 사람들과 함께 일해요. 이 일을 잘하려면 협동심이 꼭 필요해요.

2
사용 설명서의 앞부분을 완성한 후 개발자에게 검토해 달라고 보냈어요. 그다음 저는 다른 개발자를 찾아가 새로운 장비에 대한 교육을 받았죠. 사용 설명서를 쓰려면 장비의 작동법을 비롯해 장비에 대한 여러 가지 정보를 잘 알아야 한답니다.

3
작성 중이던 사용 설명서를 마저 다 썼어요. 다시 여러 번 읽어 보면서 고친 끝에 마침내 완성했죠. 사용 설명서를 쓸 때는 작은 실수도 없어야 해요.

4
마지막 업무로 사용 설명서에 들어갈 그림을 그려 줄 그래픽 디자이너를 만났어요. 우리는 오랫동안 함께 일했답니다. 우주 기구에는 설명서를 만들 일이 참 많아요.

일의 장점과 단점

장점: 복잡한 정보를 사람들이 알기 쉽게 간단히 정리해 설명하는 것은 보람 있는 일이에요.

단점: 항상 마감일을 신경 쓰며 글을 써야 해요.

우주복 디자이너

대학에서 기계 공학을 전공했어요. 졸업할 때까지만 해도 옷을 만드는 디자이너가 될 거라곤 꿈에도 생각지 못했죠. 그런데 우주복은 여느 옷과는 전혀 다른 옷이에요. 우주의 극도로 낮은 온도로부터 우주인을 지켜 줘야 하고, 그러면서도 입고 활동하기에 큰 불편이 없어야 하죠. 우주복 디자이너는 기계 공학을 전공한 제가 충분히 도전해 볼 만한 일이었죠!

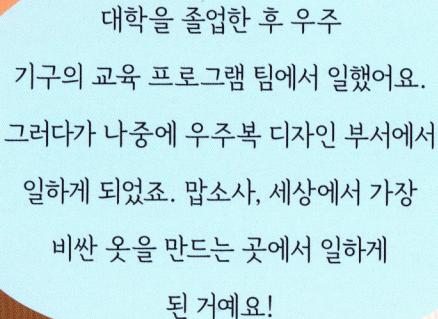

대학을 졸업한 후 우주 기구의 교육 프로그램 팀에서 일했어요. 그러다가 나중에 우주복 디자인 부서에서 일하게 되었죠. 맙소사, 세상에서 가장 비싼 옷을 만드는 곳에서 일하게 된 거예요!

1
제가 지금 만들고 있는 옷은 우주인이 달의 표면에서 활동할 때 입을 옷이랍니다. 기존의 우주복은 우주 정거장 바깥에서 우주 유영을 하는 데 알맞도록 디자인된 거라, 입고 활동하기에는 그리 편하지 않아요. 오늘 저는 새로운 우주복의 장갑 디자인을 살펴볼 거예요.

2
우주복 장갑은 질긴 섬유를 여러 층 덧대어 만들어요. 하지만 우주인이 연장을 잡거나 장치를 조작하는 데 불편하지 않도록 신축성이 좋아야 하죠. 아침 시간에 저는 몇 가지 장갑 샘플을 테스트하는 데 특수한 상자를 사용했어요. 그 상자는 우주의 환경을 그대로 본뜬 거랍니다.

3
점심 식사 후에는 우주복 신발을 테스트했어요. 이 신발을 만들기까지 오랜 시간이 걸렸어요. 테스트할 수 있어서 뿌듯했죠. 신발을 신고 걸어 보았는데 크게 불편하지 않았어요. 이 신발에는 우주인이 바위나 다른 장애물을 만났을 때 넘어지는 것을 방지하는 진동 센서가 장치되어 있어요.

4
퇴근할 시간이에요. 집으로 가며 우주복의 다음 부분을 머릿속으로 그려 봅니다. 우주인은 때로 우주선 밖에서 몇 시간을 보냅니다. 그래서 우리는 편하고 안전한 우주복을 만들기 위해 최선을 다하죠.

일의 장점과 단점

장점: 제가 만든 우주복을 입은 승무원이 우주에서 활동하는 모습을 보면 참 기분이 좋아요.

단점: 우주복을 디자인하는 데는 몇 년이 걸려요. 그래서 유행에 민감한 패션 디자이너에게는 맞지 않죠.

컴퓨터 엔지니어

우주에서는 컴퓨터 없이 아무것도 할 수 없어요. 모든 일에 컴퓨터를 사용해야 하죠. 저는 컴퓨터 하드웨어를 설계해요. 소프트웨어나 컴퓨터 프로그램을 만드는 전문가들도 있어요. 저는 새로운 컴퓨터 모니터링 시스템을 만들고 있는데, 우주선의 공기 상태를 측정해서 우주인들의 건강과 안전을 지켜 주는 역할을 한답니다.

컴퓨터가 어떤 원리로 작동하는지 늘 궁금했어요. 그래서 툭하면 집에 있는 컴퓨터를 분해하고 다시 조립하곤 했죠. 대학에서 컴퓨터 공학을 공부한 후 우주 기구에서 컴퓨터 엔지니어로 경력을 쌓고 있답니다.

1
저의 하루는 새로운 컴퓨터 장비에 대해 다른 과학자, 엔지니어들과 회의하는 것으로 시작되죠. 새로운 하드웨어를 개발하는 일은 많은 시간이 걸린답니다. 다음 달까지 우리는 여러 차례 회의를 통해 문제를 완벽하게 해결해야 해요. 다행히 우리 팀은 잘해 나가고 있어요.

2
회의가 끝난 후 저는 현재 사용하고 있는 모니터링 시스템을 개선하기 위해 연구를 해요. 우주선 안의 공기 상태를 더 잘 알아내기 위해 어떤 부분을 개선해야 하는지 연구하는 거죠. 컴퓨터 엔지니어가 하는 일은 이처럼 모든 것이 더욱 나아지도록 노력하는 거랍니다.

3
점심을 먹은 후에는 헬스클럽으로 가요. 오랜 시간을 컴퓨터에만 매달려 있다 보면 운동 부족이 되거든요.

4
오후에는 소프트웨어 엔지니어와 만나 새로운 모니터링 시스템에 대해 의견을 나눠요. 컴퓨터는 지시자, 곧 소프트웨어가 없으면 아무 쓸모가 없죠. 그래서 우리는 서로 긴밀하게 협조하며 같이 일한답니다.

5
퇴근 직전에 저는 새 마이크로칩을 설계한 회사와 이야기를 나눴어요. 마이크로칩은 컴퓨터 안에서 데이터를 전달해 주는 작은 전자 부품이죠. 새 마이크로칩은 컴퓨터의 속도를 크게 높여 주는 역할을 할 거예요. 컴퓨터 공학은 빠르게 변하는 분야예요. 그래서 저는 그 속도를 따라가기 위해 늘 공부해요.

일의 장점과 단점

장점: 우주 탐사에 관한 모든 일이 컴퓨터로 이루어지기 때문에 무척 중요한 일을 한다는 자부심을 느껴요.

단점: 컴퓨터를 제작하는 일은 간단하지만, 제대로 작동시키는 데는 오랜 시간이 필요하죠.

우주인 훈련 교관

저는 십 대 때부터 스쿠버 다이빙을 좋아했어요. 대학에서 수리 과학을 전공한 후, 우주 기구의 우주인 훈련 시설에 다이빙 강사로 지원했죠. 우주에는 중력이 없기 때문에 물속과 비슷해요. 우주인들은 커다란 수영장에서 훈련을 받는답니다.

저 같은 다이빙 강사 외에도 다양한 분야의 강사들이 많아요. 우주복 사용법을 알려 주는 강사, 우주선 시스템 사용법을 가르치는 강사, 우주에서 하는 실험 방법을 교육하는 강사 등이 있죠.

1 훈련에 사용할 장비들이 이상 없이 안전한지 점검하는 것으로 하루 일을 시작합니다. 우주에서나 물속에서나 안전이 제일 중요하죠. 물속에는 우주 정거장 모형이 고정되어 있는데, 거기서 훈련을 한답니다.

2 스쿠버 다이빙은 이미 가르쳤으니, 이제 우주 정거장 밖을 돌아다니는 우주 유영을 가르칠 차례입니다. 오늘 우리 팀은 여성 우주인과 훈련을 해요. 우리는 그녀의 옷 무게를 조정하여 우주에서처럼 물속에서 자유롭게 움직일 수 있게 해 주었어요.

3 우주선 밖에서 수리하는 작업을 연습했어요. 저는 그녀가 안전하게 연습할 수 있도록 옆에서 지켜보았죠.

4 훈련을 끝마치고 구조 훈련을 하는 동료들에게 합류했어요. 우주복이 수영장 아래로 가라앉아 버렸네요. 우주복은 정말 무거워요. 하지만 우리는 많은 훈련을 했기 때문에 우주복을 물 밖으로 쉽게 끌어올릴 수 있었답니다.

5 몇 시간 동안 물속에서 일한 후 밖으로 나와 스쿠버 장비를 정리하고 샤워실로 가요. 이제 집으로 가서 편히 쉬어야겠어요.

일의 장점과 단점

장점: 우주인들이 우주에 가서 일을 잘할 수 있도록 돕는 게 자랑스러워요.

단점: 저도 '우주 다이빙'을 해 보고 싶지만, 실제로 경험하기는 어렵겠죠.

신경과학자

신경과학자가 우주 탐사와 무슨 관계가 있냐고요? 우주라는 극한의 환경에 놓인 우주인은 여러 모로 그 영향을 받게 마련이죠. 우주에서 우주인의 뇌와 신경 계통이 어떤 영향을 받는지 연구하는 게 제 일입니다. 제 연구 자료는 우주인의 육체적, 정신적 건강을 증진시키는 데 도움을 주죠. 우주처럼 바닷속 역시 사람이 살아가기에 아주 힘든 환경이에요. 그래서 바닷속은 가장 좋은 실험실이랍니다.

저는 일찍이 사람과 생각에 대해 관심이 많았어요. 대학에서 신경 과학을 전공하고 박사 학위를 받았죠. 저는 우주인들이 임무를 수행하기 전과 후에 그들과 함께 일합니다. 저는 능숙한 스쿠버 다이버이기도 해요. 지금 일자리도 그래서 얻게 된 거랍니다.

1
저는 바다 밑바닥에 있는 연구 기지로 들어가려는 중입니다. 이곳의 거주 시설은 아주 작고 비좁답니다. 그리고 문명사회로부터 멀리 떨어져 있어요. 우주에 있는 거랑 비슷하죠. 저는 우주인들과 이곳에서 3주간 생활하면서 우주인들이 심리적으로 어떤 변화를 보이는지, 격리된 공간에서 어떻게 일하는지 자세히 기록해요.

2
첫 번째 실험을 할 준비를 해요. 우주인들은 특수 장비를 가지고 연구용으로 산호 샘플을 채취합니다. 저는 그 모습을 지켜보면서 이런 환경에서 우주인들이 임무를 수행하는 능력이 어떻게 달라지는지 연구하죠.

3
우주인들은 방수 태블릿으로 작업한 내용을 기록해요. 그런 다음 우리는 몇 가지 테스트를 더 해 보았어요.

4
테스트가 모두 끝난 후 우리는 잠수복을 벗어 두고 저녁 식사를 했어요. 냉동 건조 식품에 물을 부어 먹었죠. 저는 우주인들의 작업 내용을 살펴보며 하루 동안 어떤 어려움을 겪었는지에 대해 두루 얘기를 나누어요.

5
오늘의 연구 내용을 기록한 후 잘 준비를 해요. 저 역시 이 환경이 수면에 어떤 영향을 주는지 연구하고 있죠. 오늘 밤 우리는 지친 나머지 이곳이 바다 밑바닥인지도 잊어버린 채 모두 잠에 곯아떨어졌어요.

일의 장점과 단점

장점: 과학의 이름으로 진짜 모험을 맘껏 즐기고 있죠.

단점: 때로 가족과 멀리 떨어져 지내는 게 힘듭니다.

장비 전문가

우주에서는 아주 복잡한 장비들이 많이 쓰여요. 그래서 장비 전문가가 꼭 필요하답니다. 저는 대학에서 기계 공학을 전공한 후, 우주 기구에서 생명 유지 시스템을 만드는 일을 하고 있어요. 이 시스템은 우주인에게 공기(산소)와 물을 공급하는 장치랍니다.

1
오늘 아침 저는 우주 정거장에서 사용할 새로운 호흡 시스템을 테스트했어요. 이 시스템은 우주인들이 내뿜는 이산화탄소를 호흡할 수 있는 산소로 바꾸어 주는 거랍니다. 테스트 결과, 이산화탄소 양의 절반이 산소로 바뀐 것을 확인했어요. 엄청난 성공이죠!

장비 전문가는 각기 자기 전공 분야가 있죠. 예를 들면, 우주복, 로켓 발사 장치, 통신 시스템, 로봇 같은 거요. 어떤 분야에서 일하든 모두 기계 공학과 설계에 열정을 쏟는 사람들이랍니다.

2
그 시스템을 저 혼자 개발한 건 아니에요. 전 세계의 엔지니어와 과학자들이 협동해서 만든 거죠. 저는 화상 회의로 테스트 결과를 알려 주고, 시스템의 성능을 더 높이는 방향을 논의했어요. 기계가 너무 커서 크기를 줄이는 문제에 관해서도 의견을 나누었죠.

3
점심 식사 후 저는 우주인들에게 장비 작동법을 가르쳐 주었어요. 장비의 작동 원리를 잘 익히는 것은 무척 중요해요. 만약 우주에서 장비가 고장 난다면 직접 고쳐야 하거든요.

4
오후에는 또 다른 프로젝트를 연구했어요. 우주 정거장에서 사용하는 물 재활용 시스템을 개량하는 작업이죠. 현재 우주 정거장의 거의 모든 물을 재활용하는 기계가 있지만, 만약 인류가 화성에 간다면 더 발전된 기계가 필요할 거예요. 그 먼 곳까지 많은 양의 물을 보낼 수가 없으니까요.

5
바쁜 하루가 끝나고 가족과 함께 저녁을 먹기 위해 집으로 향합니다. 집에 가면 텔레비전을 수리해야 해요. 저는 집에서도 장비 전문가거든요!

일의 장점과 단점

장점: 이 일자리를 얻기 위해 무척 고생했지만, 지금은 제 분야에서 인정받고 있어서 재밌게 일하고 있어요.

단점: 우주인들의 생명을 지켜 주는 장비를 만드는 일이라 압박감이 커요.

풍동 실험 기술자

풍동 실험이란 터널 모양의 공간에 인공적으로 바람을 불어넣어 비행체가 어떤 영향을 받는지 조사하는 실험을 말해요. 저는 풍동 실험을 통해 어떻게 하면 비행체가 잘 나는지 알아내어, 우주선을 만드는 엔지니어와 과학자들을 돕는답니다.

어릴 적 수학과 과학을 열심히 공부했고, 대학에서 전자 공학 학위를 받았어요. 운 좋게도 우주 기구에 인턴 사원으로 들어가게 되었고, 풍동 실험 기술자라는 직업을 갖게 되었죠.

1
오늘 우리는 새 로켓 모델을 테스트하려고 해요. 이 로켓은 다가오는 달 탐사 때 발사될 거랍니다. 어쩌면 화성으로 갈 때도 이 로켓을 발사할지도 모르죠. 우리는 여러 차례 테스트를 거쳐 이 로켓이 정확하고 안정되게 발사될 수 있는지를 확인해야 해요.

2
풍동은 바람이 흐르는 거대한 튜브 같은 기기라고 생각하면 돼요. 새 로켓 모델을 풍동 안에 튼튼히 고정시킵니다. 움직이지 않는 모델을 갖고 하는 실험은 쉬운 편이죠. 초음속으로 움직이는 비행체를 가지고 실험한다 생각해 봐요. 끔찍하죠! 저는 로켓에 실 가닥들을 매어 두어요. 로켓 주위의 공기 흐름을 알아보기 위한 거랍니다.

3
터널 끝에 있는 커다란 선풍기를 돌립니다. 이 선풍기는 초속 1,800미터의 바람을 만들어 낼 수 있답니다. 어마어마하죠? 로켓 주위의 공기가 어떻게 흐르는지 살펴보면, 실제로 로켓을 발사할 때 어떤 일이 일어날지 알 수 있죠.

4
로켓에 달아 놓은 실 가닥들이 공기의 흐름을 아주 잘 보여 주는 것은 아니랍니다. 그래서 실험을 부탁한 과학자는 공기의 흐름이 더욱 잘 보이게 터널 안에 연기를 넣어 달라고 했어요.

5
로켓은 강풍에 조금 흔들렸어요. 과학자는 진동을 멈추는 방법을 찾기 위해 내일 더 테스트해 보자고 했어요. 우리는 로켓이 대기를 뚫고 완벽하게 발사되기를 바라요. 그런 확신이 들 때까지 테스트를 하는 거죠. 우주인들의 안전이 무엇보다 중요하니까요.

일의 장점과 단점

장점: 과학자와 엔지니어 팀이랑 함께 일하는 것이 너무 즐거워요.

단점: 반복해서 테스트를 많이 해야 해요. 시간이 오래 걸리죠.

프로젝트 매니저

우주 탐사 프로젝트를 전체적으로 진행하는 책임을 맡고 있어요. 지금은 로버라고 불리는 화성 탐사차 제작 프로젝트를 감독하고 있죠. 화성으로 탐사차를 보내는 것은 정말 복잡하고 돈이 많이 드는 일이랍니다. 모든 것을 치밀하게 계획하고 진행해야 하죠. 각 부분의 일을 맡을 사람들을 선발하고, 작업 과정을 관리하고, 우주선 발사 날짜에 맞춰 완벽하게 준비해야 한답니다.

대학에서 기계 공학을 전공하고 경력을 쌓았어요. 그러다가 운 좋게 우주 기구에 취직하게 된 거죠. 저는 오랫동안 프로젝트 매니저로 일하면서 여러 프로젝트를 계획하고 추진하는 데 열정을 쏟아부었죠. 제겐 완벽한 직업이랍니다.

1
우리 팀의 화성 탐사 로버는 1차 시운전에 들어가기 직전이에요. 저는 로버를 설계한 수석 엔지니어를 만났어요. 우리는 지난 몇 달 동안 열심히 이 일에 매달렸죠. 그녀는 지금 상당히 긴장해 있는 상태랍니다. 저는 모든 게 다 잘될 거라고 말해 줬어요. 팀원들의 사기를 북돋는 것도 제가 할 일이죠.

3
로버를 운행하는 모습을 지켜보았어요. 로버는 직진하다가 좌회전과 우회전을 하기도 하고, 경사로를 오르내렸어요. 로버의 제어 시스템이 잘 작동하는 것을 확인했죠.

2
과학자, 엔지니어들과 함께 화성 탐사 로버의 시운전을 보기 위해 실험실로 향했어요. 테스트를 하는 동안 무슨 문제점이 나타나지 않는지 잘 살펴봐야 해요.

4

로버에는 카메라가 장착된 로봇 팔이 달려 있는데, 이 카메라가 보내는 영상으로 지구에 있는 과학자들이 로버가 가는 곳을 볼 수 있답니다. 우리는 로봇 팔이 부드럽게 잘 움직이는지 많은 테스트를 했어요. 로봇 팔은 잘 작동했지만, 생각보다 움직이는 속도가 느렸어요. 이 점을 메모해서 개발 팀에게 전달했어요. 문제점이 있으면 담당 팀에게 말해 고치도록 하는 것도 제 일이죠.

5

테스트가 끝나고 전체적으로 의견을 나누기 위해 엔지니어들과 회의를 했어요. 자잘한 문제점들을 모두 고치면, 프로젝트를 마무리할 수 있을 거예요. 제가 보기에 로버에는 큰 문제가 없는 것 같아요. 화성으로 떠날 준비가 거의 다 된 듯해요.

7

내일부터 저는 로버를 발사장으로 옮기기 위해 필요한 일들을 계획할 거예요. 로버는 7개월 뒤 화성에 착륙하겠죠. 과연 로버가 화성에서 무엇을 발견할지 궁금하지 않나요?

6

우리 팀이 너무나 자랑스러워요. 모두 정말 열심히 일했고, 그 보답을 받을 거예요! 우리는 축하하기 위해 식당으로 가 맛있는 간식을 먹었죠. 프로젝트 매니저는 단순히 성과만 내는 것이 아니라, 직원들이 즐겁게 일할 수 있도록 응원하고 도와주는 것이 무엇보다 중요합니다.

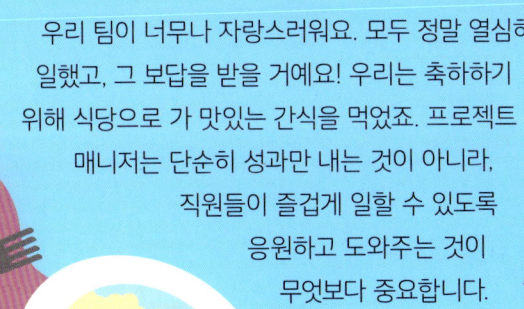

일의 장점과 단점

장점: 우주 탐사를 위한 프로젝트를 이끄는 일은 정말 가슴 떨리는 일이에요!

단점: 우주 탐사 프로젝트를 진행하다 보면 어렵고 복잡한 문제와 자주 맞닥뜨리게 돼요. 그런 문제와 씨름하다 보면 스트레스를 많이 받죠.

내게 가장 어울리는 직업은?

나의 성격과 소질, 관심사를 생각해 보고 내게 잘 맞는 직업이 무엇인지 찾아보세요.

천체물리학자

공상 과학 소설가

우주 센터 홍보 담당자

연구원

우주 기상 예보관

창의적인 일을 잘해요

우주생물학자

천체투영관 강사

우주에 대해 읽고 쓰기를 좋아한다면 이 직업들에 관심이 갈 거예요.

기술 작가

과학을 잘해요

영양사

우주복 디자이너

과학을 좋아한다면 이런 직업들이 잘 맞을 거예요.

장비 전문가

무엇을 잘하나요?

우주공학 엔지니어

물건을 잘 고쳐요

우주 센터 매니저

무언가를 잘 만들고 고친다면 이 직업들이 딱이에요.

컴퓨터 엔지니어

계획을 잘 세워요

신경과학자

우주선 관제사

계획을 잘 세워 조직적으로 일하는 능력이 중요한 직업들이에요.

우주인 훈련 교관

사람들과 잘 사귀어요

우주법 변호사

프로젝트 매니저

사람들과 함께 일하는 걸 좋아하는 사람에게 맞는 직업들이에요.

항공 군의관

44

성격은 어때요?

보살피고 돌보는 걸 좋아해요
- 영양사
- 천체투영관 강사
- 신경과학자
- 항공 군의관
- 우주비행사 (우주선 승무원)

남을 잘 살피고 돌보는 걸 좋아한다면 이 직업들이 어울려요.

협동을 좋아해요
- 우주선 관제사
- 우주비행사 (우주선 선장)
- 우주 센터 매니저
- 프로젝트 매니저
- 우주인 훈련 교관

함께하는 스포츠나 다른 사람과 일하는 것을 좋아한다면 이 직업들을 고려해 봐요.

독립심이 강해요
- 공상 과학 소설가
- 기술 작가

혼자서 하는 일을 잘하는 사람에게 잘 맞는 직업들이에요.

인내심이 강해요
- 컴퓨터 엔지니어
- 풍동 실험 기술자

꾸준히 잘 기다리는 사람에게 맞는 직업들이에요.

관심사와 목표는 무엇인가요?

모험
- 우주비행사 (우주선 승무원)
- 우주비행사 (우주선 선장)
- 연구원

용감하고 탐험을 좋아한다면 이 직업들이 잘 맞을 거예요.

배우는 것
- 천체투영관 강사
- 우주생물학자
- 재료공학자
- 장비 전문가
- 우주공학 엔지니어
- 천체물리학자

공부를 좋아한다면 이 직업들을 추천해요.

다른 사람을 돕는 것
- 항공 군의관
- 신경과학자
- 영양사
- 우주선 관제사
- 우주법 변호사

남을 잘 돕고 보살피는 사람에게 어울리는 직업들이에요.

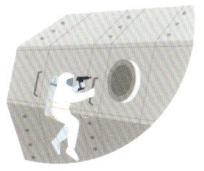

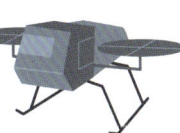

또 다른 직업을 알고 싶나요?

우주와 관련된 직업들은 무척 다양하답니다. 미래에는 생각지도 못한 새로운 직업들이 생겨날 수도 있죠. 우주를 사랑하는 여러분을 위해 몇 가지 직업들을 더 소개해 볼게요.

로봇 엔지니어

우주 탐사는 대부분 로봇으로 이루어진답니다. 로봇 엔지니어는 로봇을 설계하고 제작하여 우주 탐사에 도움을 주죠. 화성을 돌아다니는 탐사차도 일종의 로봇이에요. 지상의 임무 관제 센터에서 이 로봇들을 조종하죠. 뿐만 아니라 우주에서 물건을 집거나 우주선을 수리하는 데 쓰는 로봇 팔도 있어요. 이런 로봇은 아주 복잡한 시스템을 갖고 있어서, 로봇 엔지니어는 많은 연구와 공부를 해야 한답니다.

과학 전문 기자

우주에 관심이 많고 글쓰기를 좋아하는 사람에게 딱 맞는 직업이에요. 과학 전문 기자는 신문이나 잡지, 웹 사이트에 기사, 인터뷰, 칼럼 등을 기고해요. 과학 분야의 새로운 소식을 신속하게 전해야 하기 때문에 늘 과학에 관심을 가지고 열심히 공부해야 하죠. 기자들 중에는 우주에 관한 책을 펴낸 사람들도 많답니다.

운석 사냥꾼

우주에서 작은 암석덩이들이 지구로 떨어지는 경우가 있는데, 이걸 운석이라고 해요. 운석 사냥꾼은 자석과 금속 탐지기를 이용해 운석을 찾아내서 운석 수집가나 연구 기관, 박물관 등에 판답니다. 어떤 운석은 금값의 열 배나 된다고 해요. 여행과 모험을 좋아하는 사람에게 훌륭한 직업이죠.

우주 건축가

우주 건축가는 로켓 발사대 설계부터 우주비행사들이 달이나 화성에서 임무를 수행할 때 사용할 수 있는 기지 개발에 이르기까지 다양한 일을 합니다. 우주 건축가는 우주 환경을 이해하고 그것을 건축 설계 기술에 접목하여 사람들에게 유용한 시설을 창조한답니다.

인공위성 엔지니어

우주에는 수천 개의 인공위성들이 떠 있어요. 해마다 수백 개의 위성들이 발사되죠. 인공위성 엔지니어는 인공위성을 무선 통신이나 선박 내비게이션, 일기 예보 등의 목적에 맞게 설계하고 제작하는 전문가랍니다. 기계 공학뿐 아니라 컴퓨터 프로그래밍과 수학에도 능숙해야 하죠.

사이버 보안 전문가

다른 사람이나 회사의 컴퓨터에 불법적으로 침투하여 그 안의 정보를 훔치거나 시스템을 망가뜨리는 것을 해킹이라 하고, 그런 일을 하는 사람을 해커라고 해요. 만약 누군가 인공위성을 해킹하면 우주선의 시스템을 망가트릴 수도 있어요. 사이버 보안 전문가는 방어 시스템을 만들어 이런 해킹을 막아요.

천체 사진작가

천체 사진작가는 특수한 촬영 장비를 사용해 밤하늘의 천체를 촬영해요. 그 사진들은 교육 자료나 연구용으로 쓰이기도 하고, 예술 작품으로 팔리기도 한답니다. 천체 사진작가가 되려면 수준 높은 사진 촬영 기술이 필요할 뿐 아니라, 천체 관측에 많은 경험을 갖추어야 하죠. 밤하늘에서 멋진 사진을 얻기 위해서는 오랜 시간을 기다릴 줄 아는 인내심도 필요해요.

글 스티브 마틴
영어 교사를 하다가 어린이를 위한 글을 쓰기 시작했고 오랫동안 많은 책을 썼습니다.
대표 작품으로 《이런 직업 어때?》 시리즈와 《어린이 직업 아카데미》 시리즈 등이 있습니다.

그림 톰 울리
브래드퍼드 대학교에서 전자 영상 시스템 및 미디어 커뮤니케이션을 공부했습니다.
졸업 후 국립 미디어 박물관에서 디자이너 겸 큐레이터로 일했습니다.
지금은 프리랜서 일러스트레이터로 일하며 버밍엄에 살고 있습니다.

옮김 이광식
성균관대학교 영문학과를 졸업 후, 30여 년간 출판 분야에서 일하면서 한국 최초의
천문 잡지 《월간 하늘》을 비롯해 많은 책들을 펴냈습니다. 현재 강화도에서 개인 관측소
'원두막 천문대'를 운영하며 과학 칼럼니스트로 활동하고 있습니다.
지은 책으로 《천문학 콘서트》, 《별아저씨의 별난 우주 이야기》 등이 있습니다.

이런 직업 어때?
우주가 좋다면 이런 직업!

글 스티브 마틴 | 그림 톰 울리 | 옮김 이광식

초판 1쇄 펴낸날 2021년 11월 30일 | 초판 2쇄 펴낸날 2025년 1월 10일
편집장 한해숙 | 기획편집 신경아 | 디자인 최성수, 이이환 | 마케팅 박영준 | 홍보 정보영 | 경영지원 김효순
펴낸이 조은희 펴낸곳 ㈜한솔수북 출판등록 제2013-000276호 주소 03996 서울시 마포구 월드컵로 96 영훈빌딩 5층
전화 02-2001-5822(편집), 02-2001-5828(영업) | 전송 0303-3440-0108 | 전자우편 isoobook@eduhansol.co.kr
블로그 blog.naver.com/hsoobook | 인스타그램 soobook2 | 페이스북 soobook2
ISBN 979-11-7028-927-2, 979-11-7028-719-3(세트)

That's a job? I like space ... what jobs are there?
Written by Steve Martin and Illustrated by Tom Woolley
© 2021 Quarto Publishing plc
First published in the UK in 2021 by Ivy Kids, an imprint of The Quarto Group.
All rights reserved.
Korean language edition © 2021 by Hansol Soobook
Korean translation rights arranged with Quarto Publishing plc through Agency One Korea.

이 책의 한국어판 저작권은 Agency One Korea를 통한 Quarto Publishing plc와의 독점 계약으로 ㈜한솔수북에 있습니다.
저작권법에 의해 한국 내에서 보호를 받는 저작물이므로 무단 전재 및 복제를 금합니다.

어린이제품안전특별법에 의한 제품 표시
품명 도서 | 사용연령 만 6세 이상 | 제조국 대한민국 | 제조자명 ㈜한솔수북 | 제조년월 2025년 1월

※ 값은 뒤표지에 있습니다.

큐알 코드를 찍어서
독자 참여 신청을 하시면
선물을 보내 드립니다.

한솔수북의 모든 책은
아이의 눈, 엄마의 마음으로 만듭니다.

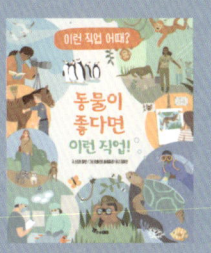

이런 직업 어때? ❶

동물이 좋다면 이런 직업!

이런 직업 어때? ❷

스포츠가 좋다면 이런 직업!

이런 직업 어때? ❸

우주가 좋다면 이런 직업!

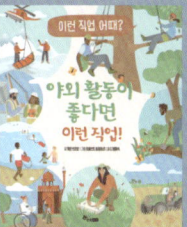

이런 직업 어때? ❹

야외 활동이 좋다면 이런 직업!

이런 직업 어때? ❺

미술이 좋다면 이런 직업!

이런 직업 어때? ❻

누군가를 돕고 싶다면 이런 직업!